Libertad!

Libertad!

Reflexiones que te ayudarán a ser libre

Nereyda Santiago

Número de Control de la Biblioteca del Congreso de EE. UU.:   2017908778
ISBN: Tapa Dura   978-1-5065-2071-1
                         Tapa Blanda   978-1-5065-2072-8
                         Libro Electrónico   978-1-5065-2073-5

Información de la imprenta disponible en la última página.

Fecha de revisión: 06/06/2017

Para realizar pedidos de este libro, contacte con:
Palibrio
1663 Liberty Drive
Suite 200
Bloomington, IN 47403
Gratis desde EE. UU. al 877.407.5847
Gratis desde México al 01.800.288.2243
Gratis desde España al 900.866.949
Desde otro país al +1.812.671.9757
Fax: 01.812.355.1576
ventas@palibrio.com
763284

Cuando se pierden los deseos aparece la felicidad
Nereyda Santiago

Dedicado a ti

Para liberarte del temor de sentirte solo, del terror de verte atrapado en una relación y sentir morir si alguien se aleja, para que puedas dar y recibir amor

Agradecimientos

A Dios todo poderoso que ilumina mi sendero con amor divino. A mi madre y a mis hijos que son el tesoro mas grande que tengo en esta vida y a todos mis amigos y a todo el mundo.

Prólogo

Mientras escribía estas frases, recordaba lo duro que es la vida, y lo duro que es hacer cambios, lo difícil que puede ser tomar una decisión.

Cuando decidí hacerlo me di cuenta del porder que tiene el Amor! y lo fácil que puede ser todo sin tan solo lo hacemos por amor.

Amate a ti mismo!

Debemos aceptar que en escencia somos seres divinos.

Que si amamos a Dios debemos comenzar con amarlo en nosotros mismos.

Apenas era una niña de 9 años, que el pan de cada dia eran regaños y queja, palabras de insatisfacción y siempre terminaba en golpes.

Una tarde aprendi a hablar con Dios, no sabía mucho pero decían que es bueno y que solo el puede ayudarte a través de una Oración

Cerrando los ojos y hablándole.

Ese día hice mi primera oración, cerré los ojos muy fuerte, apreté y empuñé mis manos, sentía que mi corazón palpitaba fuerte y sudaba... sentía la piel caliente y la voz me salía con fuerza.

Esa tarde le pedí a Dios ser una buena hija, le pedí ser educada y obediente para agradar a mi madre, deseaba un abrazo, una palabra dulce o un cumplido, yo solo quería hacerla feliz...

Quería que mi madre se sintiera orgullosa de mi!

Esta sutiación se da mucho en nuestra cultura, hay muchos hijos que no tienen el cariño de sus padres y viven con esa carencia, que se refleja en reveldía y desobediencia, que afecta en gran medida el desarrollo y crecimiento de esta persona. Pero gracias a Dios hice esa oración, al terminar me quede dormida, a la siguiente mañana me desperté sintiéndome muy feliz, empecé a limpiar la casa, me fui a la escuela, todo me salía muy bien, podía hacerlo todo! Participé en todos los eventos y hasta era muy popular.

Mi vida cambió para siempre, la luz divina resplandecia a todo momento y en todo lugar, Dios siempre a estado conmigo, lo he visto en todas las cosas y en todo lugar, en cada persona que es parte de mi.

La vida no es fácil especialmente cuando no hay amor en tu vida, cuando permitimos que nuestra felicidad dependa de alguien mas incluso nuestros propios padres, muchas veces de nuestra pareja y también de nuestros hijos.

No es posible permitir que las consecuencias de nuestra desiciones dañen a quienes son inocentes.

No hay culpables de lo que nos pasa.

Tu eres el único responsable de todo lo que te pasa de tus circunstancias y de tu situación!

Pues todo lo que te pasa es por que tu lo permites.

Necesitas urgentemente una dosis de amor en tu vida que solo tu poder superior puede darte para llenar ese vacío que es la causa del dolor, un dolor que afecta a las personas que en verdad te quieren y estan a tu lado.

No es complicado darse cuenta que quien te ama, te acepta como eres y quien te ama no te controla, no te pone obstáculos, no te pone condiciones, no te usa como si fueras un par de zapatos viejos.

Si reconoces esta actitud negativa, podrás darte cuenta de quien no te ama, te causa dolor y sufrimiento, que quien no te ama te lastima físicamente, quien no te ama te deprime al grado de robarte toda tu energía al punto que caes en un pozo donde no ves la salida, porque caíste en su trampa y te conviertes en su fiel sirviente, esto es lo que llamo infierno!

La pregunta es ¿eres tú quien causa tanto sufrimiento o eres tú quien necesita liberarse de tal exclavitud?

La respuesta es, falta de conocimiento, sabiduría y amor propio.

Necesitas urgentemente una dosis de Amor! en tu vida, que solo tu poder superior puede darte para llenar ese vacío, esa carencia y ese deseo que es la causa del sufrimiento.

Es necesario salir a la luz agarrar el camino correcto, buscar
ayuda, y que bonito es saber que está en tus manos hacer
el cambio y por fin encontrar esa felicidad eterna. Es un
derecho humano ser feliz. Y para conseguirlo hay puntos
claves.

Personas correctas en tu vida!

Solo hay dos tipos los buenos y los malos, los buenos
te hacen sentir bien y los malos te hacen sentir mal,
efectivamente tu decides con quien quieres estar, de esta
decisión depende tu bien estar y el de tu familia.
Hay muchas formas de despertar y salir de la ignorancia.
No importa la edad que tengas siempre es tiempo para
hacer lo correcto.

Buscar ayuda professional, hablar con un consejero de la iglesia, con un amigo que le interese lo que te pasa, leer un buen libro de superación personal, leer los salmos y provervios, poco a poco se llega lejos, no es fácil pero tampoco difícil.

El cambio empieza en nosotros mismos, necesitamos dar para recibir, saber dar para saber recibir y como dijo Jesucristo amar al prójimo como a nosotros mismos, el ingrediente número uno es Amor y cuando damos el valor que se merece en nuestra vida se encarga de todo por que Dios es Amor.

Tendrás que buscar respuestas a tus preguntas.

El secreto esta en lo que miras, lo que escuchas, lo que comes y tus actividades diarias, en sencillo todo es energía creadora.

La pregunta es, que calidad de energía te rodea, como la estás usando y que estás produciendo?

Si comes poco nutritivo, si estas mirando mucho drama y tragedia, si la música que escuchas es negativa y te deprime, si prefieres estar sentado o simplemente no tienes ganas de hacer nada, si tienes una vida sexual descarriada y por si fuera poco no tomas vitaminas, pues entonces dejame decirte que estas en la sintonía incorrecta.

Estás produciendo energía negativa y poco creadora! y te recuerdo que el dinero también es energía y es esencial en nuestra vida,

La felicidad es creada por ti y es parte de ti solo tu puedes hacerte feliz cuando haces las cosas bien, cuando eres honesto y sincero, humilde generoso e integro...

Empezando por comer saludable, haciendo un poco de ejercicio, durmiendo lo necesario, cuando empiezes a escuchar música positiva o simplemente música para relajarte, cuando te des el tiempo de pensar en ti y poner todo en una balanza para poder reflexionar y tomar nuevas decisiones que te llevará a vivir mejor!

El despertar, el cambio sucede aquí y esa es la magia de lo
divino... de la libertad!
El amor nos causa alegría, nos da tranquilidad, llena de
bendiciones nuestra vida, nos vuelve más generosos, más
sensibles, es como una venda que no te deja ver lo malo,
te hace reír, y la risa rejuvenece, levanta tu autoestima, el
amor nos vuelve dulces y cariñosos, es así como debemos
sentirnos, queridos y amados, así como Dios nos ama todo
esta escrito en el padre nuestro y en los libros sagrados
Suelta el pasado, Vive el presente!

Hoy empieza una nueva vida!

Eclesiastés 2.1

Hay bajo el sol un tiempo para todo

Tiempo para nacer y tiempo para morir

Tiempo para plantar y tiempo para cocechar

Tiempo para destruir y tiempo para construir

Tiempo para llorrar y tiempo parar reír

Tiempo para gemir y tiempo para bailar

Tiempo para lanzar piedras y tiempo para recogerlas

Tiempo para abrazos y tiempo para abstenerse de ellos

Tiempo para buscar y tiempo para perder

Tiempo para dar y tiempo para recibir

Tiempo para callarse y tiempo para hablar

Tiempo para odiar y tiempo para amar

Tiempo para la guerra y tiempo para la paz

Al final que provecho saca uno de sus afanes

Por qué te preocupas?

A quién le temes?

Lo que pase pasará por tu bien.

No lamentes el pasado, el presente es el importante

Quién te hace llorar?

Qué crees que perdiste?

Todo lo tomaste de Dios

Todo se lo diste a el

Sin nada llegaste y sin nada regresarás

Erroneamente has creído que algo o alguien te pertenece

La Muerte en realidad es la vida eterna

Hagas lo que hagas hazlo por amor a Dios

Hoy aumentaré mi capacidad de Amar con muestras de cariño, les diré a todos mi seres queridos cuanto los aprecio, cuanto los valoro y cuanto los amo.

Y Ahora permanece la fe, la esperanza y el amor, estos tres pero el más importante... el Amor.

Al final de cada dia escribe cuál fue tu experiencia y cómo te sentiste!

Dar amor requiere de mucho esfuerzo!

Tu puedes dar amor y dejar huella en tantos
corazones que te están esperando

Porque más Amor necesita el que menos se lo merece

Mira a tu alrededor ahí esta alguien que te necesita

Fecha: _____

No te des por vencida, ni te desanimes,
decide llegar hasta el final

Aprender a amar de verdad es una de las tareas
más importantes que harás en tu vida

Llama a alguien un familiar o un amigo
les dará gusto escucharte

Fecha: _____

Sé paciente con todo lo que no está resuelto en tu corazón

El Amor es el poder que sacude el universo

Dedícate tiempo a ti, cambia de imagen,
sal a dar un paseo, haz algo por ti!
Disfrútalo

Fecha: _____

Las palabras son una manera poderosa de comunicar Amor...

Encuenrta un momento para decir
TE AMO!!

Fecha: _____

Trataré de no juzgar, pues ignoro lo que
pasa en el interior de cada persona

Dejaré un espacio en mi corazón para
quien me necesite se sienta a salvo!

Fecha: _____

_____

_____

_____

_____

_____

_____

_____

_____

_____

_____

_____

_____

_____

_____

_____

_____

Agradezco a Dios por la oportunidad
de valorar y amar cada día

Siempre hay alguien que te necesita y casi
siempre esta cerca de tu puerta...

Abre y mira quien es...

Fecha: _____

Dios dice que lo importante no es la forma de
adorarle, sino que se haga con un amor ardiente

Dios oye las palabras pero también mira el corazón

Haz una oración ardiente.

Fecha: _____

Ser más bien amables unos con otros,
misericordiosos, perdonaos unos a otros, así como
también Dios os a perdonado en Cristo

Efesios 4.32

Suelta el resentimiento es veneno para el alma...

Fecha: _____

Haz algo que no quieres hacer por alguien, no puedes
amar a Dios y dar la espalda a quien te necesita

Vence ese obstáculo...
que te impide ser mejor persona!

Fecha: _____

Sin embargo el amor no busca lo suyo
Corintios 3.15

Ama como si nunca te hubierán herido

Por que habrías de querer estar donde no te
quieren, cuando puedes ir a donde te aman

Fecha: _____

Suelta el pasado! Vive el presente!

Da la bienvenida a lo nuevo y maravilloso
que aparezca en tu vida

Fecha: _____

_____
_____
_____
_____
_____
_____
_____
_____
_____
_____
_____
_____
_____
_____
_____
_____
_____
_____

No se puede actuar con amor verdadero
y egoísmo al mismo tiempo

Comparte lo que tienes y siempre da lo mejor de ti

Fecha: _____

_____
_____
_____
_____
_____
_____
_____
_____
_____
_____
_____
_____
_____
_____
_____
_____
_____
_____
_____

El amor requiere de valentía por que nos
obliga a entrar en terreno desconocido

Ama de manera auténtica y constructiva

Fecha: _____

_____

_____

_____

_____

_____

_____

_____

_____

_____

_____

_____

_____

_____

_____

_____

_____

_____

_____

_____

Ustedes tienen que vestirse de tierna compasion,
bondad, humildad, gentileza y paciencia
sean comprensivos con los démas

Colosenses 3.12

Mírate a ti mismo, acaso tu no has
cometido errores?

Quién eres tu para juzgar?

Fecha: _____

Siempre hay un necesitado o perdido que
necesita ayuda, (es decir amor)

Puede ser tu madre, tus hermanos, tus
hijos, un amigo o tu cónyugue.

Con tan solo un abrazo o una palabra de
aliento le puedes cambiar la vida!

Fecha: _____

_____

_____

_____

_____

_____

_____

_____

_____

_____

_____

_____

_____

_____

_____

_____

_____

_____

_____

El amor no se ofende con facilidad y perdona con rapidez

Nadie puede cambiarle la vida a alguien,
solo puedes ayudarle...

Fecha: _____

Deja que la palabra de Dios te guíe a
relacionarte mejor con los demás.

Cuando Dios es el autor de ti vida todo tiene sentido

Incluso lo más doloroso....

Fecha: _____

Ámate siendo tu mismo

Vive para ti!

Trabaja para ti!

Sonríe para ti!

Aunque suene egoísta este es el camino
que te lleva a la verdad.

Fecha: _____

Dedica tiempo a ir en busca de lo que te
complace, pero mucho más a lo que te aflija

Enfoca tu energía a lo que realmente quieres que suceda

Fecha: _____

_____
_____
_____
_____
_____
_____
_____
_____
_____
_____
_____
_____
_____
_____
_____
_____
_____
_____
_____

Hoy mismo decide reaccionar con amor en lugar de irritarte.

La Ira es un pecado porque autodestruye todo a su paso

Fecha: _____

_____

_____

_____

_____

_____

_____

_____

_____

_____

_____

_____

_____

_____

_____

_____

_____

_____

_____

Haz cambios, con disciplina!

Cambia tu manera de ser, de pensar y de sentir

Hazlo con amor

Fecha: _____

Los cambios no se dan de la noche a la mañana

El amor no te deja allí donde te encuentra, y tampoco te permite que dejes a los demás donde los encontraste!

Fecha: _____

_____
_____
_____
_____
_____
_____
_____
_____
_____
_____
_____
_____
_____
_____
_____
_____
_____
_____
_____
_____
_____

El amor gana corazones cuando das desinteresadamente,
automáticamente regresa a ti de la misma
manera, da sin esperar algo a cambio.

Fecha: _____

Dios te puso en la tierra por algo, él te va a revelar el motivo

Tranquilízate y escucha el corazón

Fecha: _____

El amor enseña, el amor dice ven aquí quiero enseñarte algo

Medíta en lo sucedido, una lección debes aprender.

Fecha: _____

Lo que nos falta en conocimiento y experiencia
lo suplimos con el regalo más grande que
un ser humano puede dar a otro

Amor!

Cuando alguien te dice que te necesita dale
Amor! es Dios quien se manifiesta!

Fecha: _____

_____

_____

_____

_____

_____

_____

_____

_____

_____

_____

_____

_____

_____

_____

_____

_____

_____

_____

_____

_____

Panal de miel son las palabras agradables,
dulces al alma y salud para los huesos

Prov. 16.24

El rostro de una persona feliz,
resplandece, brilla y rejuvenece

Fecha: _____

_____
_____
_____
_____
_____
_____
_____
_____
_____
_____
_____
_____
_____
_____
_____
_____
_____
_____
_____

Amo! por lo tanto, no puedo arrastrar esa rabia
ese orgullo, ese egoísmo, esos celos!

Yo soy Amor!

Paz y armonía hay en mi corazón

Fecha: _____

Debes comprender en tu corazón que el señor tu Dios te
esta disciplinando así como un padre disciplina a su hijo

Deuteronomio 8.5

Ya todo esta escrito solo falta que lo leas…

Fecha: _____

No puedes aferrarte a nada ni a nadie que agote tu
energía y que te impida hacer lo que debes hacer

Hay cosas y personas que deben salir de tu vida

Fecha: _____

El amor nos impulsa a actuar con su
sabiduría, escucha el corazón

Protégete de los intrusos que quieren robarte tu paz
Casi siempre dicen ser lo que no son…!

Fecha: _____

_____
_____
_____
_____
_____
_____
_____
_____
_____
_____
_____
_____
_____
_____
_____
_____
_____
_____
_____
_____

En ocaciones es mejor amar a las personas
de lejos, porque cerca impiden nuestro
crecimiento en vez de dejarnos avanzar

Es bueno poner los límites es duro y hasta parece
egoísta pero las personas tóxicas tienen que irse

Fecha: _____

_____
_____
_____
_____
_____
_____
_____
_____
_____
_____
_____
_____
_____
_____
_____
_____
_____
_____
_____
_____

Enfrenta tus miedos, no los rechaces, en
cuanto los mires cara a cara se disuelven

El mal esta aquí para ser Vencido

Fecha: _____

Abre tu corazón el plan divino de Dios Hace cosas pequeñas,
con gran Amor que hacen grandes cosas por Amor!

El Amor divino es tan grande que atraviesa
cualquier barrera y obstáculo, Todo lo puede!

Fecha: _____

Amados amémonos unos a otros porque el
amor es de Dios, Amar es perdonar, perdonar
y perdonar para liberar el Corazón

El que no perdona, destruye el puente por donde pasará

Fecha: _____

En ocasiones date permiso de poner límites
y ocuparte de tus cosas primero.

La clave es programar tus prioridades

Primero lo primero y segundo lo segundo

Nereyda Santiago

Fecha: _____

Dios no solo es paciente, amable y amoroso sino que también Santo, Poderoso y completamente Justo.

Deja que sea el quien haga justicia a ti no te corresponde.

Fecha: _____

El amor es una fuerza y poder creativo, en cuanto
comprendes que eres cocreador con Dios

Tu vida cambia!

Hoy empleza una nueva vida el pasado
ya no existe, Vive Hoy!!

Fecha: _____

_____
_____
_____
_____
_____
_____
_____
_____
_____
_____
_____
_____
_____
_____
_____
_____
_____
_____
_____

El amor protege, el señor te protegerá de
todo mal, el guardará tu alma.

Bienaventurado el que en el confía

Fecha: _____

_____

_____

_____

_____

_____

_____

_____

_____

_____

_____

_____

_____

_____

_____

_____

_____

_____

_____

No te esfuerces demasiado por retener lo que debe irse...

Dios tiene algo mejor para ti

Fecha: _____

_____

_____

_____

_____

_____

_____

_____

_____

_____

_____

_____

_____

_____

_____

_____

_____

_____

_____

_____

Dedica tiempo al crecimiento espiritual, reconoce que es necesario avanzar, el deseo es la causa del sufrimiento

Sé feliz ahora con lo que tienes y te
llegará mas de lo que esperas

Fecha: _____

El señor haga resplandecer su rostro
sobre ti y tenga de ti misericordia

Numeros 6:24

Busca el reino de Dios y su justicia

Fecha: _____

El sufrimiento es tan grande como tu ignorancia

Busca sabiduría y busca la respuesta a tus preguntas

Todo esta escrito…

Fecha: _____

Si quieres que los demás sean felices práctica la compasión, la compasión nos da energía, nos hace sentir apoyados y fortalecidos mientras que la lástima tiende a quitárnosla y resulta sofocante

Fluir Suéltate a la Libertad!

Fecha: _____

_____

_____

_____

_____

_____

_____

_____

_____

_____

_____

_____

_____

_____

_____

_____

_____

_____

_____

El amor todo lo soporta no os dejéis engañar pues
todo lo que el hombre siembra, también cosechará

Decide que quieres cosechar!

Fecha: _____

Es normal preocuparse por los demás, pero no es
sano cuando esa preocupación se obsesiona por
controlar el comportamiento de alguien más…

El control es de Dios!

Fecha: _____

El amor te deja libre en confianza para florecer y prosperar,
quien te ama te deja ser tu mismo y no te cambia

Fecha: _____

El amor nunca falla

Con amor eterno te he amado...

Jeremías 31.1

Fecha: _____

_____

_____

_____

_____

_____

_____

_____

_____

_____

_____

_____

_____

_____

_____

_____

_____

_____

_____

_____

Estas en la línea directa con Dios, cuando amamos
actuamos, el amor se mide por la manera que actuamos
y lo es todo cuando somos capaces de darlo!

Fecha: _____

Señor abre mis ojos para que pueda ver la verdad
y mis oídos para que pueda escucharte

Abre mi corazón para servirte con fe.

Fecha: _____

Si no nos amamos nosotros mismos daremos al traste
con nuestra capacidad de dar y recibir amor

Fecha: _____

El pecado más grande que un ser humano
puede cometer es el no ser feliz.

Fecha: _____

El conocimiento en si no nos garantiza
la entrada al reino de los cielos

En cambio si lo hace la medida en que amamos

Fecha: _____

De todas las cosas fuertes nada es tan fuerte como el
amor divino el amor no se alegrará de lo injusto sino
que se goza de la verdad, perdura a pesar de todo.

Todo cree, todo lo espera, y todo lo soporta,
el amor nunca deja de ser amor.

Fecha: _____

No hay nada más perfecto que el amor

El que no ama, no a conocido a Dios por que Dios es Amor

Fecha: _____

_____
_____
_____
_____
_____
_____
_____
_____
_____
_____
_____
_____
_____
_____
_____
_____
_____
_____
_____

Ahora desde el silencio de tu corazón empieza
una nueva vida, con Dios todo es possible, abre las
alas de tu pensamiento y goza de la libertad!

Por que la fe en Dios os hará libres!

Fecha: _____

_____

_____

_____

_____

_____

_____

_____

_____

_____

_____

_____

_____

_____

_____

_____

_____

_____

_____

_____

Palabras finales

Todo en la vida es un proceso

Todo en la vida es pasajero

Todo nace y muere…

Todo llega y se va…

Cuando creas que nada te falta el mundo te pertenecerá

Fecha: _____

Dios siempre quiere que practiquemos un poco
antes de encontrar a la persona correcta.

Amar es lo más hermoso que un ser humano es capaz
de hacer, es increible como somos capaces de darlo
todo a cambio de demostrar que amas y que eres
capaz de hacer feliz a esa persona tan especial

Sin embargo no se puede dar lo que no se tiene,
No puedes amar si no te amas, nada ni nadie puede
ser tan importante si para ti tu no lo eres.

No puedes pedir si no sabes dar

Piensa un momento...

Las personas que llegan a tu vida vienen para
enseñarte algo, para hacerte fuerte, para hacerte dábil
y sensible, para que los ames o para que te Amen.

Todos somos servidores, en realidad es Dios quien te ama
a través de los demás y es Dios quien ama a través de ti!

Recuerda estas palabras

El odio y el rencor es veneno para el alma, te
roba la paz y te impide la dicha, te atormenta y te
destruye entiende que todo pasará por tu bien.

El que ama de verdad perdona

Quiérete más

Las personas resentidas se enferman más, les
baja las defensas, envejecen más rapido, se
vuelven aburridas y amargadas, duermen menos
y no disfrutan de los bellos momentos

La vida es muy corta como para no ser feliz!

Abre las alas de tu pensamiento

Cuando hacemos daño a otros en relialidad
lo hacemos a nosotros mismos

Con la vara que midas serás medido

Como das.... recibes

Lo que siembras cosechas

Ámate!

Sé tu mejor amigo

Porque cuando nadie te ame tu podrás amarte

Cuando alguien te deje solo tu estarás contigo

Cuando no te quieran dar algo solo tu podrás dártelo

Cuando nadie te comprenda solo tu podrás comprenderte

Cuando nadie cuide de ti solo tu podrás cuidarte

Cuando mas solo te sientas sabrás
que solo Dios está contigo

Escucha más y habla menos

El privilegio de la sabiduria está en el silencio

Abre tu mente a lo nuevo y a lo desconocido

Abre el corazón

Cuando lo hayas comprendido habrás aprendido
a Amar por que Dios es Amor, nadie te lo da y
nadie te lo quita simplemente está en ti

Entonces habrás aprendido a ser feliz y recuerda que
todo en la vida deja huella y por eso te recordarán

Mi resumen final

Es importante hacer un inventario de tu vida…

Hacer espacio para dar la bienvenida
a lo bueno y maravilloso

Aprende de tus errores y con Amor sé tu mismo!

Printed in the United States
By Bookmasters